ÊTRE AVEC TOI, C'EST TOUT

Découvrir la voix de votre bébé

Le Dr Heidelise Als a consacré sa vie à donner une voix aux bébés prématurés et à risque, afin qu'ils puissent participer à la construction de leurs expériences à l'hôpital.

Elle a fondé le NIDCAP*, une approche individualisée des soins qui encourage la croissance, le développement de l'enfant et qui soutient les parents, les familles dans leur rôle essentiel de premiers soignants de leur bébé.

* NIDCAP signifie Programme néonatal individualisé d'évaluation et de soins de développement

*Nous sommes tous connectés ;
nous nous soutenons mutuellement,
nous enseignons, apprenons les uns des autres,
et nous nous enrichissons mutuellement.*

Heidelise Als, PhD

ÊTRE AVEC TOI, C'EST TOUT

Découvrir la voix de votre bébé

Deborah Buehler, PhD

Illustrations de
Annie Zeybekoglu

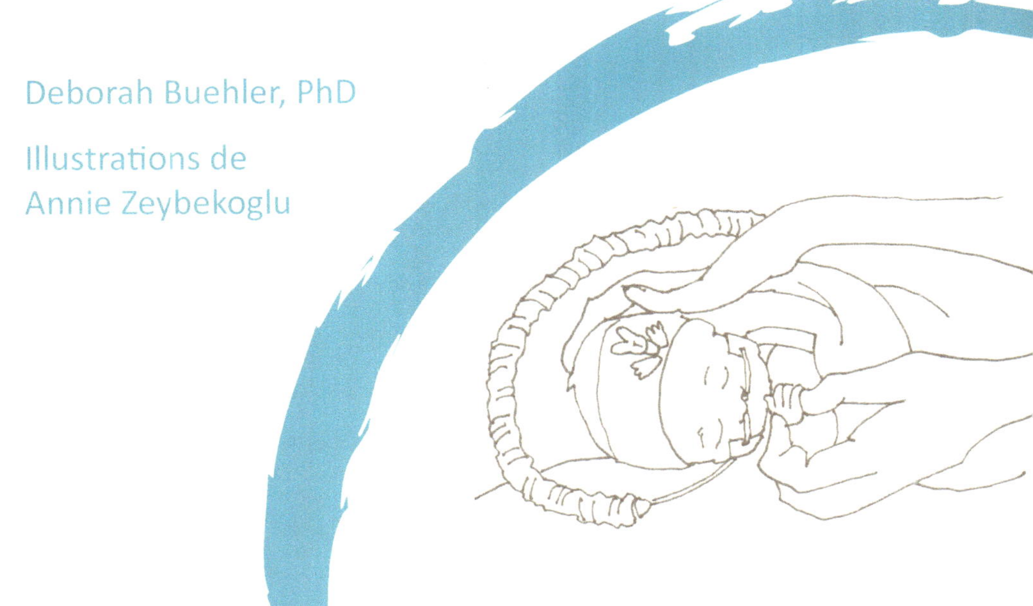

WHITE POPPY PRESS
Marque déposée MODERN MEMOIRS, INC.

417 West Street, Suite 104
Amherst, Massachusetts 01002
413-253-2353
www.modernmemoirs.com

Ce livre est dédié à la découverte de la voix de votre
bébé prématuré et/ou à risque, et à la beauté de
votre relation unique et en constante évolution.

Dans un endroit étrange rempli de
bourdonnements et de bips,
je m'étire et je gigote.

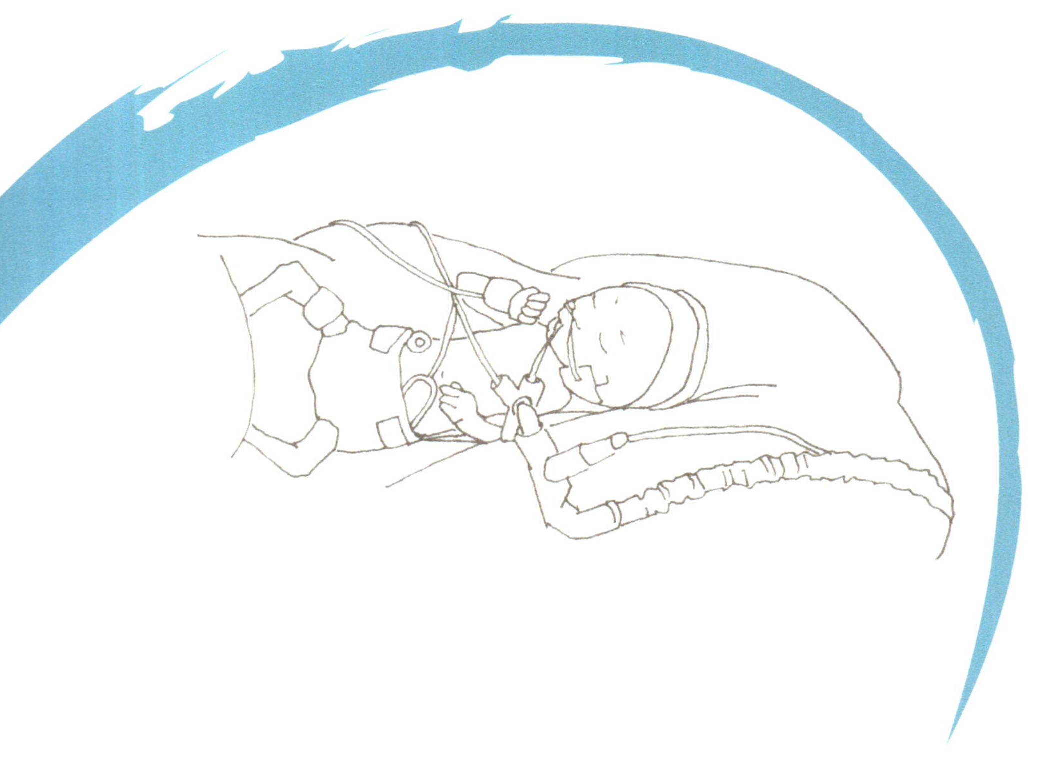

Je suis si petit·e et délicat·e—mais je suis là.

*Des sons apaisants, une lumière douce,
du calme.
Chaque partie de moi se sent apaisée.*

*Des voix murmurantes, une caresse douce,
je sais que je ne suis pas seul·e*

En serrant ton doigt, blotti·e dans tes mains,
je me sens soutenu·e et rassuré·e.

En regardant ton doux sourire,
j'apprends un peu plus chaque jour.

*Téter pour me réconforter et me nourrir,
je me sens si calme dans tes bras.*

Dormant paisiblement contre toi,
je me sens au chaud et détendu·e avec toi.

Blotti·e contre ta poitrine,
je me sens paisible et chéri·e.

*À chaque petit moment de soin,
je grandis, je deviens plus fort·e avec toi.*

Je suis là...
Et je sais que toi aussi.
Être avec toi, c'est tout.

Vous êtes le·la premier·ère soignant·e
de votre bébé.

Observez et écoutez attentivement.
Votre bébé a de nombreuses façons
de vous faire savoir ce qu'il·elle aime,
ce dont il·elle a besoin,
ce qu'il·elle désire.

Vos premières interactions avec votre bébé
sont précieuses et importantes.
En comprenant et en répondant aux signaux de
communication uniques de votre bébé,
votre relation d'amour se développera.

Bienvenue, petit trésor

Nom

Date de naissance

Âge à la naissance

Poids de naissance   Taille à la naissance

Ce livre sur les relations est le fruit de l'amitié exceptionnelle de plus de 40 ans entre Deborah et Annie.

Deborah a commencé sa carrière comme
première assistante de recherche du Dr Heidelise
Als, fondatrice du NIDCAP, et est devenue
sa collaboratrice dans le développement du
programme. Elle est docteure en psychologie du
développement et se consacre à la pratique et à la
formation NIDCAP dans le monde entier.

Annie est illustratrice et graphiste. Elle enseigne
le dessin et la conception de livres depuis plus
de 30 ans. Son travail primé est présent dans des
collections aux États-Unis, en Hongrie, en Pologne,
au Japon et en Turquie.

ÊTRE AVEC TOI, C'EST TOUT s'inspire du NIDCAP, une approche de soins fondée sur des données probantes, créée par le Dr Heidelise Als dans les années 1980.

Le NIDCAP aide les bébés prématurés et à risque à être compris et à avoir une voix qui contribue à façonner leurs expériences à l'hôpital et au-delà. Il reconnaît que le développement de chaque bébé est mieux soutenu si les soins sont réalisés par leurs propres parents et familles. Grâce à des relations familiales saines, les expériences sont optimisées et les avenirs améliorés.

Le NIDCAP est de plus en plus mis en œuvre dans les hôpitaux du monde entier. Pour en savoir plus : www.nidcap.org.

9 781966 149057